JN418975

힘써 시선 7

가까운 사람들

도서출판 힘써

가까운 사람들

김영숙 지음

발행처/ 도서출판 힘써
발행인/ 김학진
영　업/ 김학철
기　획/ 힘써 기획부
편　집/ 성지기획
디자인/ 홍미향
인　쇄/ 성지기획

등　록/ 2009년 3월 6일(제439-2009-000003호)
1판 1쇄 인쇄 2011년 3월 15일
1판 1쇄 발행 2011년 3월 15일
주　소/ 충북 충주시 소태면 양촌리 182-1
대표전화/ 043) 854-1836, 011-9881-2926
E-mail/ rlagkrwls2003@hanmail.net

김영숙 시집

가까운 사람들

책머리에

또 한 해가 저무는 끝길에서 방에 혼자 앉아 크리스마스를 맞이한다.

문득 수없이 썼다 지운 60년의 먼 길들……

가슴 답답할 때나 더러는 행복했던 그 세월 담아둔 상자를 열어보았다. 힘없이 주저앉은 이것들을 일으켜 다시 한 번 닦아, 새옷 입히고 우리 나들이를 나가 보자며 용기를 냈다. 오래 묵혀 쉽게 지지 않을 얼룩들. 아마 꽃 필 때까지 닦아야 될 것 같아.

그 때쯤이면 말끔한 두 번째 시집으로 태어나길 기대하면서, 또 마음의 창 하나 만들어 주신 분에게, 사랑하는 문우 친지 가족 모두에게 바치고 싶다.

동백꽃 두 송이가 붉게 핀 거실에서
2010년 12월 25일
김 영 숙

차례

제3부 아침

차례

차례

I

하늘과 땅 사이

그리움

가슴 한 켠
말갛게 닦아 놓고
해가 지는 시간까지
늘 그렇게 산다오

때론 바람도
때론 절망도 왔다가지만
이내 다시 닦아 놓고
기다리며 산다오

닦아 놓은 가슴 한 켠
퍼렇게 이끼 끼고
그리움의 돗자리가 삭아질 때 쯤,
언제나 그때 쯤, 그렁그렁 눈물빛 하늘에다
전화를 건다오

"여보세요 저예요"
받는 이 없어도
늘 전화를 건다오

소나기

먹장구름 속
웅크리고
심장만 벌떡거렸을까?

잘 삭은 술항아리에
말갛게 뜨는 청주처럼

쓰디쓴 가슴 앓이를 삭여
맑은 물 되었을까 ?

천둥으로 번개로
단금질하여

결국은
대책 없이 내리쏟는 분노를
슬픔이랄 것도 없이
고스란히 받아 품는
대지의 너그러움

그래 !
원대로 속풀이 시원하게 하고 나면
파아란 하늘에
꽃무지개 꽃구름
저절로 피는 것을……

석류 – 사랑

세상 어느 보석이
이보다 더 빛난단 말인가?
맨드라미만큼의 색을
가득 쏟아부었을까?

그리하여
수정 구슬에 스며

이글이글 타는 불덩이가
숨이 막혀
단단한 가슴 찢고

결국
부풀어 터진 사이로
주르르 흐르는 선혈?

아파서 토악질하는
몹쓸 사랑처럼

감출수록 배어나오는 통증이
그늘과 양지 사이를 지나며 반짝인다

전화 – 사랑

그의 음성이 허공과
강을 가로질러 건너왔다

꽃향기에 휩싸인 듯
달달한 것이
청각의 막을 타고
깊숙히 내리꽂힌다

울컥 눈물이
마른 창자의 실핏줄을 타고
다시 콧등을 시리게 한다

전신으로 퍼지는
아스피린 약효때문인가

목화솜 물에 부은 듯
그렇게
자꾸
가라앉고 있는
육신의 파장이여

그리움 1

앉으면 님 그림자
하늘에 뜨고

일어서면 님 그림자
산 넘어 온다

온몸이 노곤히
그리움에 젖노라면

잠결에 볼만 지고
다녀가신 님

하루를 그렇게 살고

십년은 잊으며 살지

야속하다 한들 방법 없고
괜찮다고 하셔도
잊을 수 없는
허공중에 뜨는 별과 같은 것……

고향 아지매

봄이면 연한 가죽잎 따
두툼하게 부침개 부쳐
담 너머로 넘겨 주시던 아지매

구급차 실려 가시던 전전날
탁배기 한 사발에 마음 쏟아 놓고
지난날 고생도 많았다며
눈물짓던 눈이 큰 아지매

다시 봄 오고
가슴 가득 고이는 인정에
가슴 미어지는데
향긋한 가죽잎은 훤출하게 너울대는데

풍문에 들리는 걸을 수 없다는 뼈아픈 소식에

눈 큰 아지매
눈물짓던 날처럼
하늘이 또
슬픈 바람을 날립니다

겨울 동백꽃

가여운 동백꽃

추운 겨울이 싫어
가슴 샘에 차오르는 핏방울
점점이 물들다
뚝, 떨어져버린 어느 날

기억으로부터 지워졌던
그리운 사랑이
훈풍으로 달려와
아까운 목숨 싸안고
하늘로 오르자네

가슴 맞대어
따스한 체온 나누다
그리하다
뜨거운 태양 만나면
두 몸 던져 넣어
불꽃으로 살자네
아주 오래도록 살면서
봄을 낳자 하네

요절한 동자꽃

화분 하나 얻어와
방정이다

이리 두면 좋을까
저리 두면 햇살 잘 들까
바람 타면 상할새라
햇볕에 목마를까

사랑이 지나쳤는지
내 손길에 그만 목이 꺾이었네
슬쩍 건드림인데
그리 힘없이

전설 속 동자도
피지도 못하고 죽었다는데
그래서 단명한가

새벽마다
노승 기다리듯
나를 반겼는데

화가 나서 막 때려주고 싶은데
넌 아직 두 볼 붉히며
웃고 있구나
난 가슴에서 징 소리가 난다

봄

쌀눈보다 더 작은 둥지엔
천만 가지 봄 색이 꼭꼭 접혀 있다가

할미꽃으로
제비꽃으로
진달래꽃으로
얼레지꽃으로
복수초꽃으로

밤안개처럼
귀여운 소녀처럼
살금살금 내려오는 거지요

찰박대며 개울가에서 놀다가
살금살금 산길을 오르는 것이지요

고향 가는 길

추억이
햇살을 이고 포근히
등 위로 온다

엄마 품이다

냇가의 삐삐를 뽑아 먹고
삘리리 피리도 불던
그 냇물은
세월을 밀어내고 나를 반긴다

입술이 파랗도록,
진달래꽃을 따먹던 앞동산도
늙지 않고 푸르다

아!
구름도 곱게 눈 흘기고
바람도 이마에 시원한데
돌아보니 동무가 없네

너도 늙어 어디서 내 생각을 할까나

난 시방 세월을 걷어내고
오목눈이 둥지의 뻐꾸기 새끼처럼
고향의 봄을 안는다

젖은 눈

젖은 눈은
회색으로 내린다

덜 깎여진 쌀처럼
흰빛을 감추고
고운 날개가 없어
이리저리 부딪히며 떨어진다

부엌 창
녹슨 창살 위에
뿌옇게 목숨 풀어놓을 것이면서
눈이란다

더도 덜도 아닌
실개천 물 흐르듯
줄줄 삭아 흐르면서 눈이란다

가슴으로 울어
온몸이 다 젖은
가엾은 눈아

편안한 집

엷은 금빛 햇살
창밖 뜰에 살포시 깔아놓은
이른 아침에
뜨거운 커피 한 잔을
작은 새들과 나누어 마시고

햇살이
따끈따끈, 쪽마루 쪽을
달궈놓으면
달콤한 낮잠과 동침하고

해거름 선들바람과
산 그림자 내려오면
시원한 은자골 탁배기와
사랑을 나누나니

이만하면
백년을 힘들게 살아온 나날보다
천년을 즐겁게 산 것만 같아라

달콤한 하루 휴가가
작은 방 아랫목에서 뒹굴고……
고향집 앞마당엔 복사꽃 핀다

II

산에서는 꽃이 된다

우이동 위령비

님들의 꽃다운 목숨이
낙동강의 꽃잎으로 떨어져
수십 년 떠다녔습니다

조국을 위해
피 범벅 응어리 맺혀
감지 못한 눈

깎아 세운 위령비는
뼛골과 살점들이 푸르게 푸르게
베어 나오는 한 비

부치지 못한 안부의 편지를
아직도
손에서 놓지 못한 님들이여
이젠 마음놓으시고
편히 가옵소서
하늘나라에서도
가장 아름다운 천국으로……

님들의 피와 살점은
삼천리 방방곡곡
무궁화 아름다운 꽃으로 피었습니다

기다림

피가 마르는 골짜기에서
장님이 되어
허방 길을 걷는다

까치도 울지 않는 날
마음에 내리꽂힌 기다림은
산이 되고

겨울 하늘을 빙 도는
독수리 날갯짓도 야속하다

달리는 자동차 꽁무니를
바람 빠진 풍선처럼 따라가다
눈물이 난다

온종일 덜그덕 덜그덕
키질을 하다
눈물 한 방울마저 달인 가슴
석양도 흑갈색 낙엽으로 내려앉는다

도시나무

불쌍하다
짓눌린 자유

묵직한 매연
밤낮 없이 요란한
소음

감을 눈도 없다
숨 쉴 코도 없다

듣는 귀는 이미 고장이 나고
그래서 다행히
불면증도 없는 도시나무는
그래서 산다

봄비

비야 고맙다
내 뜰로 내리는 비야
수없이 넓은 땅, 산과 들 있건만
내 뜰로 선택되어 내리는 비야
참으로 반갑다

그제 뿌린 상추씨와 열무씨
산작약, 붓꽃, 패랭이꽃이
춤추겠다

기다리면 찾아오는 연인처럼
추절추절 그 소리 속으로
그리움을 데리고 오는 것 다 보인다

하나도 놓칠 수 없는
연인들을 다 데리고 오는 소리
들린다

우리 오늘
붉은 와인 한 잔 부딪치며
축배를 들자

오늘 같은 날은

오늘은
날짜와 요일을
계산하기 싫고

하루 세 끼 밥을
계산하기 싫고
아침과 저녁을 계산하기 싫다

맑은 하늘의 미소와
한낮의 반짝이는 햇살과
살갗을 스치는 바람의 느낌
짹 째그르 쪼로롱 쪼로롱
작은 새 지저귐과
마당으로 실려 오는 들풀의 향기
자연의 숨소리만 들리는 그런 날엔

내가 사람이 아니었으면 좋겠다

나뭇가지에서 내려다보는
한 마리
파랑새였으면
참 좋겠다

이른 봄

설레이던 가슴들
시원하게 풀었다

많은 것들을 데리고

그 내음
그 향기는
풀님이 풀밥을 토해낸……

봄빛
봄바람도
연둣빛으로 춤추고

그래서
하늘에
풀물이
촉촉하다

붓꽃

불덩이처럼 피던
모란도 지고
불꽃처럼 번지던 철쭉도 지고
쓸쓸하던 마당 한 구석에

보라빛 한 송이
입술이 살짝 열리는 소리

사랑이다
네 향기 있는 듯
아니
없는 듯 하건만
달콤한 사랑이다

촉촉히 젖어드는 풀 내음 속
내가 풀이 되어
그 가슴으로 알겠네

봄
— 쥐꼬리망초

바람의 귀띔
달그락 소리에
잠을 깬 풀꽃들 연보라 얼굴에
살그머니 봄을 뿌리는 봄바람에
신이 났어요

맑은 햇살
그 조용한 시선 머물던 자리
덧문 열고 내다보는
쥐꼬리망초 꽃

"봄이 왔어요 봄이"
여기 저기 얼굴 내밀고
방실대는 꽃들의 밀어

덧문이 모조리 열려
연둣빛 바람이 터져 나오고
앙증맞은 쥐꼬리망초 아가들이
아장아장
봄 뜰로 나오고 있습니다

떠남과 남음

악령 같은 가마귀
높은 안테나에 내려앉아
하루에도 몇 차례씩 오솔한 소리로
몇 날을 우짖더니

맘 좋은 슈퍼 아저씨
갑자기 세상 뜨셨다는 기막힌 소식에
신 앞에 너무도 초라한 인간이 모두 가엾습니다

한 뼘 남은 앞마당 모서리에
고추 실하게 키우시고
방울토마토 쓰러지지 않게
나뭇가지 세워 잘 묶어놓고
그리 가셨네

철없는 방울토마토 슬픈 줄도
모르고
애기처럼 붉그레 통통한 얼굴로
안을 기웃거린다
물 주세요 할배요 하며

찔레꽃

찔레꽃 참으로 고운 이파리
봄 동산에 오르면 길가에
지천으로 피어오르는
침으로 부드러운 하이얀 몸뚱아리

큰 산 넘어 갈 때까지
옷자락 휘감겨 오던 네 향기는
냇물에 더러 빠지고
쑥잎에 더러 얹히지만
바람 한파랑 불어오면
더욱 진하게 따라오는 네 향기는
슬프도록 좋아
숨차도록 좋아서
내려오다 다시 찾는
찔레꽃, 찔레꽃

어느새 몇 잎은 냇물에 떨어져
한사코 따라오겠다고
그 애교 참으로 애틋한……

방에 누워 너를 찾는 가슴
가득 가득 별무더기로 쏟아진다

후추꽃 일기
– 2010년 봄부터 가을까지

후추 씨를 얻었습니다

이듬해 봄
화분에 흙을 파고 심었습니다

기다리다 지칠 때 쯤

옛날 놋숫가락만 한 잎이
올라왔습니다
호장근 잎처럼 생겼습니다

참 신기하기도 하지요
까만 쥐똥만 한 것이 말입니다

작달막하니 통통하게 줄기가 나오고
잎이 두 장 더 늘었습니다

들락거리며 들여다 보고 또 보고
한 달을 기다렸지요
이것이 언제 자라서 꽃이 피려나
물을 자꾸 줍니다

그런데 어느 날
가느다란 줄기가 밤 사이에

빨래줄처럼 늘어져 있었습니다

그 때부터
무럭무럭 자라는 것이
어느새 꽃줄기를 잎겨드랑이 사이에
매달아 놓았습니다
마꽃처럼 말입니다
분홍색을 띠고,
때를 기다리며,
열심히 움직이는,
영혼을 숨겨둔.
그 꽃봉오리가 말입니다
내 마음 참 환장하게 말입니다

감고 올라가게
손을 잡아줄 끈을 만들어 주었지요

자고 나면 두 바퀴를 감더군요

어제는 손을 놓치고 허공에
줄기를 둔 채 방향을 잃었습니다

그냥 두고 보았지요
아, 그랬는데 아침에 나가 보니

이쁘게 손을 잡고 도르르 맴을
돌았습니다
꽃줄기 하나 더 달고
참으로 귀엽고 사랑스럽습니다

두근거리는 맘으로
기다립니다
꽃망울 터지는 그 날……
아, 그날은 말입니다

아,
그 날은
예쁜 케이크를 선물해야겠지요
촛불을 켜 줄 것입니다

그런데 말입니다
꽃망울은 더 이상 커지지 않고
씨가 되는 듯하여
돋보기를 들고 나가 보았지요
가만히 들여다 보니
벌써 꽃이 피고 나서 열매를 맺은 것입니다

나팔꽃처럼 핀다는 주인의 말이
거짓이었습니다

작은 꽃망울은
며느리 배꼽만큼도 꽃잎을 열지 못하고
다물어 버렸습니다

나팔꽃처럼 핀다더니

그래도 케이크는 줘야겠지요

내 머리 속은 아직도
분홍 나팔꽃을 피우겠지 피우겠지
잠꼬대하고 있습니다
후추꽃 일기 끝

가슴에 작은 창 하나

가슴에 작은 창 하나
내어 놓는 것 밖에,
평생 이룬 건 아무 것도 없네

방향 없는 바람을 따라가다가,
졸졸졸 흐르는,
골짜기 물길을 따라가다가
꽃 피는 봄을 따라가다가

이젠 ,
가슴에 작은 문 하나 내어 놓고
기다리는 것이 고작인데

그 문에 비치는 햇살은
먼저 온 바람에 실려 가고
그 문 앞에 서성이던 사랑은
더 먼저 지나던 사랑이 실어가고
해서,
무작정 기다리는 것이 고작인데

막 버스 지나간 정류장 같은
휑한 가슴에 작은 창 하나 내어 놓고
땅거미 질 때까지 기다리는 허무
그 그림자 하나 있네

남해

청보석을 삶아 펴 담았을까
식으면 유리처럼 매그러울까
아니
야들야들 청포묵이 될 것 같은
아름다운 살결
가슴으로 달려오는 짜릿한 전율

바람에 실려 온 오만 가지 내음
살 속으로 파고들며
꽃잎인 양 물새인 양
가볍게 들어 올린다

붉은 동백꽃
뜨거운 가슴 사알짝 열고
바람에 식히는가 수줍게 웃고

신이 그린 그림
사각으로 뚝 잘라 눈에 담고
쪽빛 물감 흘러내릴 때까지
돌아설 줄 몰라라

애기야 달 같은 네 얼굴은

― 준우에게

여름날 소나기 끝에
무지개 보듯
봄날 날갯짓 고운
종달이 보듯
살갗을 스쳐 지나는
봄바람 보듯

널 그렇게 사알짝 보고 돌아서 온
할미는 가슴이 짠하다

더듬더듬 말 배우는 우리 아가
이젠 걸음걸이가 의젓해
뒷짐도 지고
발장단도 치고

안녕 바이 바이를 연방 해 대는
고 달 같은 얼굴은
보고 나면 더욱 보고 싶어지는 것이
큰 병이요

방글거리는 얼굴 뒤로 두고
돌아서는 한 쪽 가슴이
장밋빛 붉은 물이 들면서……

인사동 바람은

인사동 뒷골목 바람은
오래 묵은 장항아리 속
짭짜름한 바람이 불고

인사동 거리를 지나는 사람의 바람은
늘 새 바람이 인다

수천 수만 가지 물건들이
그 바람에 섞여
오색 바람으로 불고

전통 찻집 찻잔엔
비싼 찻값이 뜬다

그 시간, 변두리 가난한 집엔
국수 한 다발이 끓는 물에 뜨고
그 저녁을 기다리는 다섯 식구는
전통차 한 잔 값으로 배가 부르다

비인 지갑엔 서글픈 바람이 들고
인사동 바람은 돈바람이다

곳곳마다 예술이 몸단장을 하고
비단 치마를 펄럭이는데
저 하얀 벽에 제 그림 한 점

걸어 놀 꿈도 못 꾸는,
그 틈새를 휘돌아 나가는,
가난한 예술인 하나
시방 배가 고프다

하나님의 꽃다발

성자의 가슴을 안고
하룻밤을 지낸 창녀가
넌지시 말을 건넨다
“우린 지옥에 떨어질 거예요.”
“아니지요, 그렇지 않아요.”
“성자는 불쌍한 여인을 구제했고
창녀는 행복을 찾았으니
우린 천당을 꼭 가서
하나님 앞에 꽃다발을
바쳐야 하겠지요.”

III

아 침

보리피리

어쩌다 눈에 뵈는 보리밭은 사진 작가들의 모델이고
신기한 화초로 보이지만
그 옛날 배고팠던 아이들은
눈물 난다

뻐꾸기 울음 먹고
여물어 가는 보리 이삭은
배고픈 아이들의 꿈으로 오고

아카시아꽃 따 먹고
찔레 새순 꺾어 먹던
고 파래진 입술로
보리피리를 분다

허기져 힘 없어도
보릿대 하나 뽑아
힘껏 분다

삘, 삘 삘리리……

그 소리 배고픔 잊고
그 소리 힘께 듣던
순이가 좋아서

참 좋은 인연

어느 날 허공에서
나를 찾는 이 있었다

무턱대고 미끼를 던져본 것이지
"좋은 땅 있어요.
투자 하세요."
예쁜 목소리에 자존심을 걸고……
하지만
얼마나 망설였겠어
그러기가 쉽지 않았을 터

백만 원도 없는 난
웬지 냉정히 거절 못하고
친절히 거절했었지
딸, 아니 며느리 같은 젊은이가
며칠 후 또 전화를 걸고
또…… 걸고……
알아들을 줄 알고 또 웃어 주었지

한참 뜸한 공간 사이로
어느 날부터인가 목소리가 반가웠지
순수한 인간의 만남으로
이젠
내 미끼에 걸린 참 좋은 인연

생의 끝길에 피다

순리를 거스르고
거꾸로 흐르는 강물을 따라 나서는
늦사랑에 방향을
잃었나요?
지는 노을 속으로 노를 저어 행복해하다가
음침한 골짜기에
한없이 허기져 오는 배고픔에
빛나던 영혼마저 팔았는가요?

가슴으로 저려오는 울음을
고모산성 돌 틈에 박아 넣고
토끼벼리 좁다란 벼랑 길 위에
그들의 약속을 깔았는가요?

꼭 잡은 손 안에
푸른 물줄기 굼실굼실
파도를 치던가요?

서로의 장애를 염려하며
별이 뜬 저녁까지 꼭 잡은 손,
그 손 놓으면 다시는 못 볼 사람들처럼
돌아서 버리면,
다시는 못 만날 사람들처럼……

아침

이른 아침
뻐꾸기 소리가
이렇게 곱게 들리는 것은
지난 밤
무슨 꿈을 꾼 탓일까

이렇게 뒷산 녹음이
가슴으로 들어오는 것은

오늘 좋은 소식 같은 것
있을 거라고
그렇게 기대해도 좋다고
그러는 걸까

가끔은 우울해도
가끔은 슬퍼도
가끔은 꽃으로 피는 맘
아
이 아침이
딱 그 맘이다

뒷산 뻐꾸기가
내가 되었다가 내가 뒷산 뻐꾸기로
날고 있다

양파꽃

매운 꽃이
정말로 아닌 듯
환한 화환처럼 피어났다

양파꽃,
봄부터 예까지
진저리치며
알뿌리 독한 것 먹고도
아닌 듯
정말로 아닌 듯

세상에서 제일로 큰
보석처럼
다이야몬드처럼
갖고 싶은 꽃

미끈하고 훤칠한 꽃대에 매달려
눈물 나게 하는 양파꽃

눈물 나게 하는 양파꽃 아니다
오직
가슴 깊숙이 묻어둔 것 말고는
맑은 하늘에 흰 구름 같은 꽃인 걸
세상은 다 안다
농부는 다 안다

일출

속옷을 걷어 올리듯
동이 튼다

세상은 커다란
거울
마음도 볼 수 있는 커다란
거울
그래서 일출이 좋아

얼룩진 곳은 아름다운 곳으로
아름다운 곳은 더 아름다운 곳으로
옮겨 놓으면

다 함께
세상 비쳐 보고
마음 비쳐 보고

다 함께 걸어가는 아름다운 세상

비상사태

위태롭게 떠가던
낡은 조각배가
소요돌이에 휘말려 침몰중입니다

물이 차오르고
가슴이 다 젖었습니다
가라앉고 있는데
어찌하면 될까요?

외롭게 표류하던 영혼
붉고 붉어서
숨이 탁 막히는 동백섬에
닻을 내릴까요?

세상에 피사체는 다 지워지고
오직 쪽빛뿐인 곳에
한 점 붉은 꽃잎으로 떠,
천년 만년 죽은 채로 살아 볼까요?

지금은 비상사태
난 누구에게 SOS를 치는가

가까운 사람들

내 곁에 아주 가까운,
내 살점 같은 사람들이여

내 영혼을,
내 가슴을,

붉은 꽃빛으로 채색하는
가까운 사람들이여

따뜻한 목화솜 이불 같은
그 사람들
추운 겨울
따뜻한 구들장 같은 사람들

내 실성하여
허방 길 걸어갈 때

내 팔 잡아주는
핏줄 같은 사람들이여

그 사람들 있기에
나 살아간다오
당신들 있기에
나 울지 않고 살아간다오
내가 사랑하는 그 사람들이여

IV

사랑이 풍경되어

은행나무에게

난 누구를 그리워하며
50F 캔버스에
단숨에 거목을 그렸던가

내 모든
마지막 생기를 이 거대한 거목에
바치노라

푸른 하늘 치받고 우뚝 선 당신
아, 내 죽어
당신 뿌리에 뿌려진다면
난,
세상에서 제일 좋은 거름으로
다시 태어나

사랑하는 당신 ,
천 년을 또 천 년을 건강하게
살 수 있도록
기름진 거름으로
다시 죽을 것이외다

사랑 2

방향을 잃고
눈먼 사랑

분홍 분홍
또 연분홍 빛

눈을 감아도
보이는 듯
귀를 막아도
들리는 듯

장미 가시에 찔려
아픈 듯
호호 불어주어
낫는 듯

가슴으로 흐르는
붉고 붉은 피처럼
빨강인 듯
빨강인 듯
또 진자주인 듯

사랑이 풍경되어

실비가 내리는 강가에
마주 앉은,
그들은 청춘을 다시 불러들이고……

가느다란 실비가
통통통 강물 위에
음표를 찍는다
강물은
사랑과 행복이 섞여
저리도 아름답게
동그라미를 그리는 것인가

그들도
수도 없이 서로의 가슴에
동그라미를 그리며
낄낄거리고 있지 않는가

깨알 같은 동그라미를
꼭꼭 눌러 찍으며 그것이
그것이 영원하기를 바라면서……

또 손으로는 두꺼비집을
꼭꼭 눌러 짓고 있지 않는가

만질 수도 쉴 수도 뵈지도
않는 것을
두꺼집 안에 꼭꼭 가두고
또 젖은 모래로 문을 잠그고
돌아오지 않았는가

그것이 날아가 버릴까 봐
햇빛에 이슬 마르듯
그럴까 봐서,
잠 못 들고 가슴 움켜쥐고
있지 않는가

하루 종일 끈질기게 내리는
저 빗소리만큼이나
그칠줄 모르지 않는가

오로지 그것이 무엇이관대……
두꺼비집을
밤새 생각하고 있지 않는가

가을

– 귀뚜라미에게 쓴 편지

도도한 시월은
눈이 시린 고운 계절 속으로
다리를 놓고
왜
행복한 사람만 건너게 합니까

그리움의 벌판으로 쓸려 다니던
허한 가슴들은
귀뚜라미가 밉습니다

그냥 가을이 오게 두면 될 걸

그냥 신나게 저하고 싶은 대로
놀다 가게 하면 될 걸

그 애절한 노래는
왜?
울어 잦추려…… 야!

쭉정이가 다 된 홀어머니 일동
네가 부추기지 않아도 됐거든

시월 어느 날 밤 귀뚜라미님에게

주말의 여름은
— 2008년 8월

올 여름
옥수수 찌듯 무던히도 찐다
아니, 푹 곰국을 만든다

끈적한 땀 내음에 구미가 당겨
환장한 날벌레들
톡 톡 쏘며 달려든다

유난히 물것을 타는 나도
환장하겠다

수동계곡으로 가는 자동차는
웬수같이 늘어서고
그 매연으로 걸쭉해진 공기는
살갗으로 척척 달라붙어
숨구멍이 다 막혔다

환장하게 더운 주말
정신이 몽롱한 오후 4시
처방도 없는
신경쇠약에 걸렸다

위험한 시작

무작정 던져 봐?
끝없는 무저갱 속으로……

아! 위험한 시작이다
후회할 시간은 이미 지났고
전신이 타는 줄도 모르는
신경마비에
뒤틀린 영혼은 황홀했다

끝이 없어도 빛이 없어도
그는 빛이고 반석이다

태운 몸 가루가 된 후
그 티끌은
아마도 바람에 날아가며 한 번쯤 반짝일 것이다
마지막 티끌만큼 반짝 빛날 것이다

눈

스멀스멀
알에서 깨어난 나비들
없어진 하늘에서
지상으로 나들이 온다

흰빛에 더 흰나비 나붓나붓
푸른 물기 바른 나비 송글송글

깔깔거리며 장난질치며
부딪고 비비고
우주는 온통 웃음바다

높은 산
넓은 밭
다 없어졌다

없어진 하늘이
아, 나비되어
이곳으로 내려왔나 보다

고모산성
– 문경에서

베적삼, 땀에 척척 무너나도록
얼마나 오랜 세월이었을까
살점이 피 배도록
젖 먹던 힘 쏟아 내며
또 얼마나 배고픈 허기를 겪었을까

반듯반듯 두부를 빚듯
정교하게 쌓아 올린 성

가쁜가쁜 가볍게 들어 올린 듯

세월의 옷을 입고
바위손을 겹겹이 피워
그 세월의 세월
목숨처럼 버리지 못함이
여기 검버섯으로 완연한데

수백 년 전 그 햇살이
지금도
따뜻하게 내리쏘고 있다

가을 나들이

허공을 딛고
둥실 나들이를 떠나자

하늘이 맑아서
물빛도 고와라

바라보니
내 눈빛에 시원히 내려
곱게 담긴다

살짝 눈 흘김에도
가린 맘 출렁 벗겨져
마음도 거울이 되니

하늘빛 물빛 마음빛
맑고 맑아서
내 가을은
이렇게도 반짝이는가

둥실 구름을 딛고
날개를 펴자

산자고꽃

앙상한 찔레 덤불 속
보금자리 둥지 틀고
겨우내
한 땀 한 땀 아픔 참고
명주실 수놓고 봄을 기다린
귀하디 귀한 꽃

열두 폭 병풍에 드리우면
황진이 가락에 잘 어울릴
고운 자태인데

가느디 가는 허리
받쳐 들고
덤불 속에 다소곳이
숨어있는 사연
무엇이기에

올올히 놓인 수실
모두 다 풀어 놓아도
그 속내는 아무도 모른다며
봄소식 전하던 종달이는
이산 저산 넘나들며
비밀을, 비밀이라고
소문을 퍼뜨리고
그러는 사이
벌써 꽃잎 하나 떨어진다

삶

방바닥에 깔아 놓은
상혼은
거두어 싸들고
까마득한 낭떠러지에
쏟아 버리려
맨발로 뛰어가다
돌부리에 걸려 넘어지고 말았습니다

삶은 늘 파도를 치고
인생은 파도를 탑니다

위험하고 때론 고독하고
슬프다가도 기쁘기도 한
색색깔의 파도는
인생을 희롱합니다

그 소용돌이 속에서
건져 올린 운명도
함께 바다를 건너는 동안
서서히 물거품으로 삭아
지는 노을빛에
묻히고 맙니다

민들레

쓰레기 더미 옆
파란 싹 하나 쏘옥
세상 물정 모르는
철부지 애기 민들레

천진난만한 가슴에
노오란 꽃 이파리
자잘하게 새겨 안고
파란 하늘에다 눈웃음을 친다

지나던 노랑나비
쉴 곳 있어 행복해
바람과 햇살을 불러 모은다

노오란 민들레 한 송이가
추하고 추한 것들을
모두 아름답게 채색하는
프리즘

애증

붉은 동백꽃물로
차오르던
슬픈 사랑이여

추운 하늘가 노을로 서서
돌아서지 못하고
글썽이며 바라보는가
떠나지 못하는 미움이여
뼛골로 스며 뼈가 타는
누린내 같은
혼미한 어지러움증

붉은 동백꽃물로
차오르는
내 슬픈 사랑에
독을 뿌린 미움이여

한 방울의 물기도 말라 버린
그리움의 바다에
닻을 내린다

송년회

황혼빛 같은 여인들
세상도 많이 살아 보고
자식들 다 키워 놓고

2004년 한 해를
마지막 며칠 앞두고
항혼빛 같은 여인들
가슴을 연다

소꿉놀이할 때 그때 마음 다 열고
울타리 안 꼭꼭 숨겨둔 보석들
다시 꺼내 본다

아직 녹슬지 않고
반짝거리는 마음
맑고 투명한 마음

그래서 세상은 아직도
맑은 물 흐르고
밤하늘 별빛도 반짝이는 거지

우리가 떠난 후
영원히 그 맑은 물빛 출렁일 테고
밤하늘엔 아름답게 별 뜨겠지

쓰다 지운 편지

푸른 유리 구슬 같은 맘을
그저 그런 유서 한 장 같다 해도
나무랄 맘 없구요

줄줄이 늘어논 사연 아님
어때요
맑은 시냇물이 알고
흐르는 구름 한 줄기에
묻어 두었는 걸요

숲속의 새 한 마리는
혼자 웃고,
혼자 울어 본 새 한 마리는
뜨거운 사랑도
쓰린 이별도
아무에게도 말하기 싫은 거지요

억울한 사연을,
줄줄이 토하고 싶은 진실을,
도리질치며

숲속의 새 한 마리는
쓰다 지운 편지를 삼키고
그리움의 빈 하늘로 날아갔다네요

여행
– 병원 19일 동안 검사

송라산 언저리에
둥지 튼 늙은 새 두 마리
어디가 고장인지
불편한 곳이 대추나무에 연 걸리 듯하여

밥 먹고
약 먹고
또 밥 먹고 약 먹기를
몇몇 년

화가 난 내장들이
아우성치며 여행을 떠나잔다
그곳은 아마도 천당이었지
그래서 천사들이 많았을 거야

싱글싱글 웃는 천사는
빨간 피도 빼고
호스로 노란 물도 넣어 주고
혈압이 아주 좋다며 생글생글

오길 잘했다며 안심하고
행복해했는데
생체실험 끝났다며 집으로 가란다
천당도 아니고 천사도 아닌

헛것에 목숨줄 걸어 놓고

떡 보따리만 한 약 보따리만
소중히 끌어안고
서로 마주 쳐다보며
이젠 부를 노래가 없다
그지?

눈엔 눈물도
가슴엔 바람도
아무 것도 남아있지 않았다

새해 그 이튿날에

여기는 송라산 자락을 밟고 서 있는 작은 아파트
눈이 살포시 내린 아침
하늘은 잿빛인데 포근한 설경

까치 두 마리 아파트 옥상
비상계단 난간에 앉아 있다
들과 산 쪽을 내려다보며 서로
얼굴을 마주하기도 하는 것이
새해 계획을 논하는 양
사뭇 진지하다

아침을 잘 먹은 듯 눈은 똘망똘망하고
반지르르 윤이 나는 매무새

한참을 바라봐도 눈길 한 번
안 주더니 잠시 눈 돌린 사이
한 마리 날아갔다 어디로

한참을 더 머물러 몸단장하던
한 마리 호르르 동쪽을 향하여
날아갔다
새가 되지 못한 내가
그들의 사생활이 왜 이리도 궁금한지
날아간 빈 자리 온기를 손끝으로 훑으며
나도 새가 되어 새가 되어
날고 싶어

노모의 병환

갇힌 공기 사이로 흐르는
가냘픈 숨결

허덕이며 걸어온 세월은
어깨 위로 들썩이며 가볍게 떤다

원통한 삶이
아직 보따리 쌓지도 않았는데
문 밖의 기차는 기다리고 있나 보다

실 꾸러미 서리서리 풀러 간다
끝의 시간을 기다리는 가마귀
어둔 골짝 너머에서 서서히
다가오는 그 시간
그 시간은 분간 없이 어둡다
아직……

가슴

세월의 높이만큼
깊어진 넉넉함으로

하늘과 땅 사이가 아무리 넓기로
작은 가슴에 담고도 남을
공간을 만들고

허허로움은
지천을 가로지르는 바람 같아도

무수한 별들이 가슴으로 쏟아질 때
태평양 바다보다 더 파도를 치지

그 숱한 별들도
가슴 자락에다 담아내어
태고의 노래도 불러 주고

그 숱한 사랑
가슴자락에 놀러오면
다 담아 내어 분홍 리본을 달아 주지

사금파리 독화살도
이 작은 가슴에 닿으면
뜨겁게 달궈 다 녹여 준다

어느 비즈니스의 세미나

천사도 날개 달아 주는
비즈니스 세미나

천국에서 날아온 꿈꾸는 천사들
까만 눈동자 눈동자 반짝반짝

돈을 벌게 해 준다는
혀와 몸짓에

꿈인 줄 모르고
그 꿈에 취해
그 꿈에 푹 빠져
그것이 행복이라며 허우적댄다

돈
돈
돈이 보인다
그 말만 들으면
불 보듯 뻔히 보인다

풍선도 돈인 양
가랑잎도 돈인 양
주렁주렁 달고
올라간다 자꾸 올라간다
천사들 허우적거리며

겨울 바람

동짓달 밤바람이 운다

날 선 갈잎에 넘어져
통곡으로 밤 새고
절룩이며 떠나간다

하늘과 땅 사이를
수천 년 오가도
구름 한 점 잡지 못하는
떨리는 빈 손

남루한 옷자락 끌고
억만 년 빈 가슴

그래도 그래도
또 달려가는 바람
숨이 찬 울음

초승달

당신이 빛을 발하며
다가왔을 때
난 아무 것도 볼 수 없었습니다

빛나는 눈웃음
어찌 그리 수줍소이까
청량한 밤하늘에
당신 하나만으로도
아름다운 천상의 그림이구요

닿을락 말락
스치우는 은빛은
담 모퉁이 노오란 민들레 꽃잎도
소스라칩니다

마지막까지 생을
고고하게 지키는
아무도 흉내낼 수 없는
쪽달이기에
빛나는 눈웃음이 참 곱습니다

2월에 핀 복수초

얼어붙은 땅
숨찬 바람으로 녹여
갑옷 입은 전사의 모습으로
노오란 꽃잎을
눈부시게 피웠는가

온 여름 소나기 걸러내어
노오란 물감만 가라앉혀
정갈한 가슴으로 달여 놓고
가을, 겨울, 숨죽여 기다림이야
어찌 한 계절로 피울까만은

아, 어찌 누군들
쿵쿵 가슴 뛰는 걸
참을 수 있겠는가

아, 어느 누군들
눈 속에 핀 생명을
거룩하다 아니하겠는가

산
– 송라산

뒤창으로 들어오는 오월의 산
푸르게 나부끼는 저 산을 보라
찾아가지 않고는 못 배기는
손 흔드는 저 산을 보라

진달래꽃 무리무리 춤추는 것만 봐도
너무 좋지만
찬란한 아침 해도 저 곳에서
솟아 오른다

새들의 둥지보다
더 많은 보물 감추고 있는
저 산으로 우린 가 봐야 겠다

가 보자 산,
우릴 부를 때
운동화 끈 단단히 묶고
빠른 걸음으로 달려가 보자

사슴이 놀라 도망가지 않게
뻐꾸기 사랑 놀음 훼방하지 말고

그저 달콤한 그 가슴에
입맞춤하러 가 보자

인연에 대하여

우연히 놓아 준 무지개 다리에서
연분이라며 사랑한다며
헛것인 줄 몰랐다

등 비비며
됫박 쌀도 끔찍했는데

운명의 악마가 시샘했나
무지개 다리 걸어 가고
행복도 따라갔다

덜컥 놓치고 만 인연 반쪽

남아 있는 반쪽은
까만 하늘만 보다가
소리없이 눈물 삼키고
갓난아기 등에 업고 돌아섰는데

그 눈물 서른 해 고개 넘어
아름답게 장성하고
강산은 서른 번 얼굴 바꾸었지만

미움은
낡고 삭아 흩어지고
저승

어느 구천 떠돌다가 다시 만나면
반쪽으로 쪼개졌던 인연인가 알아보고
서로 바라보며
눈시울 붉힐 두 사람

삼월에 핀 눈 꽃

얼마나 샘이 났길래
어제는 꽃샘바람에
눈을 뜰 수 없었는데

얼마나 샘이 났길래
한참 가다 되돌아 온 백설이
한창 피는 벚 꽃에
얼마나 샘이 났길래

자기가 꽃인 양
벚나무 가지 가지
하얀 눈꽃으로 올라앉아
봄을 희롱한다

한나절도 못 가
지고 말 것을 철없이……

다시 가려면 아픈 다리 끌며
한참을 가야 하는데
욕심냄이 내년 소설 대설까지
갈 수 있으려나

봄 편지

새벽잠 없어
새벽달만 죽도록 사랑하는
부지런한 시인
하루도 별 못 보면
몸살 나는 시인

봄 오기 바라고 또 바라다가
꽃이 피어나는 새벽
새벽길 밟고 왔다간 시인
창틀에 곱게 꽂아 논 꽃 편지

눈바람에 핀 올괴불꽃을……

어제는 산벚꽃
하루는 진달래
다음은 매화말발돌이
하루는 노루오줌, 꽃마리, 지칭개
오늘은 찔레꽃 찔레꽃
방안 가득 꽃 향기

반쯤 벌어진 찔레꽃 한 송이
부지런한 시인의 사랑으로 핀다
새벽, 작은 발 소리로 핀다

V

몸살을 앓고 보니

몸살을 앓고 보니

한 주일 누워 있다 보니
모든 것이,
많은 것이,
나를 기다리는 것이

이 닦기
세수하기
머리 감기
목욕하기
염색하기
약 먹고
물 마시기
손톱 발톱 깎기

이 모든 것이
이 많은 것이 나를 기다리고 있는데

이 몸뚱이 하나 건사하기가
이렇게 손이 많이 가는 것인 줄
전혀 모르고 살았다는 사실
그래서 힘 다 빠져 몸 못 움직이면
아주 못 움직이면
숨도 뚝 끊어지고
숨이 끊어진 후엔
몸도 다 썩어 버리는구나
아, 누워서도
시 한 편은
명약인가 하노라

사랑 3

메말라 버석거리는 그늘
그 그늘 사이로
방금 일렁이는 꽃물결 붉다

소녀는
천 년 같은 하루를 키워
그것을 성에 가두고
꽃빗장 곱게 다듬어 꽂아 놓았다

먼 먼 훗날
그 하루가 천 년을 파 먹으며
살고 있는 동안

사랑은 가고
사람도 가고

오직
좁은 틈새로 얼비치는 비밀만
슬픈 빛으로 곱겠다

파초

꽃은 언제나 피나요?
물어 볼 스님은 보이질 않고
장삼의 소맷 자락같이
너울대는 넓은 이파리

반듯한 마당에
휘영청 푸른 날개
하늘에서 춤춘다

내 생애 처음 만져보는
파초 이파리 아름다워라

'정숙' 이라고 푯말 붙은
절 마당에서
웃음을 질질 흘리며

화창한 가을 오후
설렘과 감탄
줄기 줄기 어루만지고
꼼꼼히 뜯어 보고
눈은 물기 먹은 호수가 되고

꽃은 언제 피나요?
물어볼 스님은 보이질 않고……

석양에 몸을 덥혀 보아도

물빛으로 출렁이는 가슴에
분홍 꽃잎을 띄웠는데
예쁜 방을 만들어
신방을 차렸는데

꽃등을 켜고
지치도록 기다렸는데

꽃등이 다 꺼지도록 기다렸는데
그래서,
슬퍼서, 바람을 맞고
갈잎처럼 흔들렸는데

찢어진 꽃등은
저 하늘에 펄럭이는데

석양에 몸을 덥혀도
싹이 나지 않는 꿈

고향 내음

봄이면 사과꽃
눈처럼 피고

잘 익은 사과 알알이 영글 땐
유년의 꿈 사과 밭에 뒹구는

첩첩 산 사이 사이로
철길을 놓고

강을 끼고 돌아
다리를 놓고
찻길을 내고 넘나드는 인심

가파른 고모산성
그 높이에 쌓여진 전설 있고

그 곳에서 내려다보이는
천국의 뜰 같은 정 많은 고향

봄이면 사과꽃
내 고향에 핀다

애기 잠자리

심심한 애기 잠자리
지저분한 주차장 물 웅덩이에서
장난을 친다

얇은 날개 젖지 않게
발가락을 세우고
사알짝 사알짝 물장구친다

제비도 아닌 것이
제비 흉내를 낸다
물을 차고 놀다가 날아올라
빙글빙글 돌다가

다시 내려와
날렵한 몸짓 물 차고 올랐다
다시 물장구치며 논다

엄마를 기다리나?
귀여운 애기 잠자리

독도의 닭바위

끝없이 부서져 내리는 포말에
깃을 고르고
첫 새벽 회를 치며
기를 깨운다

늘 안개에 쌓여
수만 번 밀치고 덮치는
파도를 달랜다

힘차게 날아오르는
괭이갈매기 합창에
쪼개져 나온 햇살

반짝이는 은빛 물비늘
칠백 리 어둠 둘둘 말아
수평선에 띠를 두르고 나면

꼭꼭 감춘 절개 벗어 버리고
또 한 번 우렁찬 울음
천 년을 향한 바닷길 세운다

달이 밝은 까닭

홍건히,
붉은 꽃물에 젖은 능선
어둠 밝힐 새 등 하나
밀어 올린다

끝없는 하늘은
등불 하나 내어 걸고
쪽빛 옷 갈아입은
별을 만든다

친구 부르는 풀벌레
달빛 따라 몸 말리고
기러기도 한 점
빛 물고 날아간다

달과 달맞이꽃 서로 우러르고
그 사랑에 신이 난 냇물
찰브락 노래가 정겹다

하루를 고단으로 지친 사람들도
창을 열어라
마음 활짝 열어라

저 밝고 밝은 등 아래
모든 것은 참으로 아름답기만 한데

무엇하며 사는 이인가

김 학 진 (목사 · 소설가)

그는 무엇을 하며 사는 이인가? 시(詩)를 짓고 그림을 그리는 이다. 세상을 살아가면서 하는 일이 그렇다면 그 밖에 더 좋은 일이 또 어디 있겠는가? 시를 짓는 시인이고 그림을 그리는 이다. 하늘의 것을 그리고 땅의 것을 읊으며, 해 뜨는 곳에서부터 해가 지는 곳까지 아름다운 들꽃을 찾아다니는 이다. 또 사람들은 그를 일컬어 '미세스 엔젤(천사)' 이라고도 하고 '마석 공주' 라고도 부른다. 별명이다. 그의 생김새가 그의 마음 씀씀이가 천사와 같고 공주와 같다는 말일 게다. 내가 겪어보니 그는 정말 천사처럼 마음이 착하고 진실된 면을 찾을 수 있었다.

세상을 노래하고 사람들이 사는 모습들을 찬미한다. 또 자신이 지금껏 살아온 삶이, 고단하여 살이 닳아 헤어지는 것 같은 아픔이 있었어도 아픔 그대로가 아니고 그의 눈에는 꽃과 나비가 되고 하늘이 되고 구름이 된다.

그는 언제나 하늘을 향해 고개를 든 해바라기처럼 하늘을 보며 산다. 시인이고 그림을 그리며 사니 그럴 게다. 그렇게 살며 숨 쉴 때마다 생명의 외경을 느낀다고 한다. 누구든지 그를 만나면 순진 무구한 그의 천진성을 이내 발견하게 된다. 아마도 그건 유독 나만이 느끼는 게 아닐 게다.

모쪼록 신과 인간 그리고 자연이 어우러진 좋은 시를 계속 지어 나가기를 바란다. 두 번째 시집 《가까운 사람들》을 상재함을 진심으로 축하한다.

2011년 1월 20일

양촌교회 목양실에서

화폭에 담은 심상(心象)

김 치 홍(문학 평론가 · 문학 박사)

시는 우리 인간이 사는 세계를 아름답게 느낄 수 있도록 묘사나 설명을 통해 제시해 준다. 인간이 사는 세계를 제재로 했다고 해서 현실 그 자체를 생경(生硬)한 상태로 보여주는 것은 아니다. 허구적이고 상상의 공간이지만 인간이 사는 현실을 토대로 그럴 듯하게 보여 주고 그 세계를 통해서 완결된 아름다움을 느끼도록 해 준다. 물론, 아름다운 것만이 아니라 인간이 느끼는 감정－아름다움, 기쁨, 슬픔, 부끄러움, 놀람 등－을 또한 시를 통해 느끼게 된다. 그런데 작가가 인식하고 그럴 듯하게 만들어낸 세계는 개인별로 시대나 공간에 따라 차이가 나고, 그 차이는 작품의 세계에 그대로 반영될 수밖에 없다. 또 같은 시대와 사회에 살아도 개인의 경험에 따른 인식의 세계가 다르기 때문에 문학은 스펙트럼의 색채보다 더 다양하게 제시된다. 이 개개인에 따라 다양한 빛깔 중에서 선택된 색(色), 혹은 색채의 조화(調和) 그것이 작가 특유의 작풍(作風)이라고 할 수 있다.

1. 삶에 대한 관조의 미학

유대교 랍비들이 성서를 해석한 《미드라쉬(Midrash)》라는 책에 이런 내용이 있다.

어느 날 다윗왕이 궁중의 세공인에게 명령했다.

"나를 위한 아름다운 반지를 하나 만들라. 반지에는 내가 큰 승리를 거둬 기쁨을 억제하지 못할 때, 그것을 조절할 수 있는 글귀를 새기도록 해라. 또한 그 글귀는 내가 큰 절망에 빠졌을 때, 용기를 함께 줄 수 있는 글귀여야 하느니라."

세공인은 명령대로 아름다운 반지를 만들었지만, 어떤 내용의 글귀를 새겨 넣어야 할지 몰라 고민에 빠지고 말았다. 고민하던 그는 지혜롭다던 솔로몬 왕자에게 찾아가서 도움을 청하였다.

"왕자님, 왕의 큰 기쁨을 절제케 하는 동시에, 크게 절망했을 때 용기를 줄 수 있는 글귀라면, 어떤 것이 있을까요?"

솔로몬 왕자가 말했다.

"이 글귀를 넣으시오. '이것 또한 곧 지나가리라(Soon it shall also come to pass.)'

승리에 도취한 순간에 왕이 그 글을 보면, 자만심은 곧 가라앉을 것이고, 동시에 왕이 절망 중에 그 글을 보게 되면, 이내 큰 용기를 얻을 것이오."

"이것 또한 곧 지나가리라……, 곧 지나가리라……"

김영숙 시인의 시를 처음 펼쳐 읽으면서 이 글을 떠올렸다. 어느 누구나 그 나름의 역경을 견디고 살아간다. 그 살아온 것을 이야기로 엮으면 소설이 될 것이고, 혼자 읊조리면 시가 될 것이다. 이런 면에서 작가는 혼자 읊조리던 것을 많은 사람들과 공유하려는 마음이 너그러운 사람이다.

어떤 작품일지라도 살아온 삶을 반추(反芻)하는 것은 작가 자신에게는 반성이고 회한과 아쉬움을 되새기는 과정이지만, 남에게는 교훈과 위안(慰安)을 준다. 더구나 그것이 타자에 대한 호오(好惡)의 반응이 아니라 자신의 내면에서 숙성화된 것이라면 더 큰 감동을 줄 수 있다. 그의 시에는 지난 삶의 역정이 고난의 연속이었고, 그것을 감내하면서 살아온 듯하다. 마치 "이 또한 지나가리라." 라고 참고 견디며 살아 온 듯하다. 그리고 이제는 "지금의 이 삶 또한 곧 지나가리라."고 스스로 채찍질하며 다짐하고 있다.

특히 일련의 이런 고통스러웠던 과거를 노래한 시들은 참담했던 순간들에 대한 넋두리이거나, 과대 포장 되어 자기 미화(美化)를 위한 전유물로 쓰이기도 하는데, 이 시인은 고통스러웠던 삶을 꿋꿋하게 살아왔고, 이제는 자신의 지난 날들을 한 발 뒤로 물러서서 관조하고 있다고 볼 수 있다. 이것은 시인의 과거에 대한 이해와 현재의 삶의 태도와 관련이 있다. 과거란 무엇인가? 그것은 그냥 지나간 시간이 아니다. 그것은 현재에서 바라보고 이해한 지난 시간이며, 미래를 조망하기 위한 자기 반성의 계기이다. 여기서 카(E. H. Carr)의 불후의 명저《역사란 무엇인가》를 되풀이해서 거론할 필요는 없다. 다만 과거를 보는 시야는 현재에 대한 심오한 통찰(洞察)과 이해를 바탕으로 해서 형성되어진다는 그의 주장은 지금도 유효하다. 마라톤 풀 코스를 뛰고 난 마라톤 선수가 이미 지쳐 더 뛸 수 없는 상황이어서 다음을 전망하고 다짐하기보다 '지금(now)' 다 뛰고 난 '여기(here)' 가 중요하다. 그 힘든 역주(力走)의 과정이 비록 숨이 넘어갈 듯 고비 고비의 역정이지만 완주하고 난 뒤의 뿌듯함이란 완주자만 누리는 희열이리라. 과거를 바라보는 이런 시인의 태도가 여유롭게 지난 시간을 조망하고 있다.

먹장 구름 속
웅크리고
심장만 벌떡거렸을까?

잘 삭은 술항아리에
말갛게 뜨는 청주처럼

쓰디쓴 가슴앓이를 삭여
맑은 물 되었을까?

천둥으로 번개로
단금질하여

결국은
대책없이 내리쏟는 분노를

슬픔이랄 것도 없이
고스란히 받아 품는
대지의 너그러움.
('소나기' 중 일부)

이와 같이 이 시인의 시에는 그 동안의 지나온 고통스러웠던 삶의 순간 순간들을 단금질로 보고, 삶을 더욱 단단하도록 연마하는 과정으로 인식하였기 때문에 이제는 진정(鎭靜)되어 '잘 삭은 술 항아리에 말갛게 뜨는 청주처럼' 자신의 삶을 관조하고 있다. 매순간 닥쳐오는 고통스러운 현재적 삶의 고통을 '쓰디쓴 가슴앓이를 삭여' 내는 이런 자세로 감내(堪耐)하였다고 볼 수 있다. 그래서 이제는 그 고통스러웠던 과거를 '고스란히 받아 품는 대지의 너그러움' 으로 되새겨 볼 수 있는 것이다.

그것은 마치 "슬픔이 그대의 삶으로 밀려와 마음을 흔들고, 소중한 것들을 쓸어가 버릴 때면 그대 가슴에 대고 다만 말하라. '이것 또한 지나가리라.' 행운이 그대에게 미소 짓고 기쁨과 환희로 가득할 때, 근심 없는 날들이 스쳐갈 때면, 세속적인 것들에만 의존하지 않도록, 이 진실을 조용히 가슴에 새기라."라고 한 렌터 윌슨 스미스(Lanta Wilson Smith)의 말처럼 들린다.

직설적인 이런 목소리는 간혹 생경한 느낌을 주기도 하고 진부하게 느껴지기도 하지만 몸서리쳐지는 고통이 그대로 여과 없이 진솔하게 표현된 것이어서 더 큰 공감을 줄 수도 있다. 어찌보면 특출하지 않은 표현이지만 이것이 읽는 사람에게 편안하게 느끼도록 해 준다.

특히 대상(對象)을 통해서 삶에 대한 인식이 아주 능숙하게 표현되어 있다. '고스란히 받아 품는 대지의 너그러움' 은 '대지(大地)' 그 자체가 대상으로 저만치 있는 존재가 아니라, 다시 말하면 시인과 대상이 별개의 존재로 병립(竝立)된 것이 아니고, 자신의 내면 깊숙이 닮아버린 육화(肉化)된 존재로 표현되었다.

흔히 고통스러운 삶을 극복하는 과정을 노래한 많은 시들은 종교시이거나, 철학적인 명상시들처럼 보조 도구들을 이용하는데 비해 이 시인의 경우는 전혀 드러나고 있지 않다. 절대자를 향한 원망과 간구로 점철된 기도를 통해 현실을 극복하는 기도시와는 또 다른 일면을 보여준다.

2. 화폭으로 담아 낸 심상(心象)

김영숙 시인은 시를 쓰기도 하지만 그림을 그리기도 하여, 미술대전에서 입선을 하고 전시회도 한 화가(畵家)다. 그의 이런 화가다움이 시에서도 고스란히 드러나고 있다. 그림은 선(線)과 색채(色彩)의 조화를 통해 아름다움을 형상화하는 예술 장르이다. 그림이 한국화든 사양화든, 추상적이든 구상적이든 이 선과 색채의 조합에 의해 구도화(構圖化)된 구성의 결과물이라는 것은 변함이 없다.

시는 이미지를 통하여 의미망(意味網)을 형성하는데, 이 이미지는 사물이나 일을 인간의 감각 기관을 이용한 다양한 방법으로 구체화하여 나타낼 수도 있고, 추상적 이미지를 통해서 나타낼 수 있는 여러 가지 방법이 있다. 그런데 이 시인는 마치 화가임을 반증이라도 하듯 다양한 선과 색채를 주축으로 그림을 그리듯 구도화(構圖化)된 이미지를 형상화하는데 뛰어난 재주를 보이고 있다.

이 시인은 꽃을 소재로 삼은 시들이 유독 많다. 꽃에 대한 관심이 많았다는 이야기다. 그것은 아마 색채 이미지를 구도화 하는데 가장 아름답게 드러낼 수 있는 사물이 아마도 꽃이기 때문이리라. 자연스러운 아름다움을 내포하고 있는 꽃은 다양한 색채와 조형성을 가진 독특한 형태를 지니고 있어, 여러 예술 장르의 주제로 다양하게 표현되어 왔다. 따라서 꽃을 소재로 그림을 그렸던 시인이 꽃을 소재로 시를 많이 쓰는 것은 당연한 귀결이다.

시는 시각 이미지를 언어를 통해 재창조한 미적 양식이다. 시인은 복잡하고 다양한 사물을 단순화하여 함축성 있게 표현하고, 상징적 기호의 상호 작용을 더욱 강화하여 자신의 내면세계의 이미지와 내면적 상징을 주관적으로 구도화함으로써 재창조한다. 따라서 이 시인이 꽃을 시로 쓴 것은 화가로서 당연하다고 할 수 있다. 미적 대상인 꽃을 소재로 하여 의식과 무의식 속에서 형상화된 꽃에 대한 이미지를 자신의 체험과 심리 상태를 조합하여 언어로 재구성하는 것이나, 시각화된 그림으로 표현하는 것은 별 차이가 없을 것이다

이 시인이 노래한 꽃 중에는 동백꽃, 사과꽃, 찔레꽃, 민들레, 석류 같은 독자들에게 익숙한 꽃도 있고 붓꽃, 양파꽃, 파초 같은 잊고 있었던 꽃이 있는가 하면 동자꽃, 산자고꽃, 후추꽃, 쥐꼬리망초, 복수초 같은 전혀 생소한 꽃도 있다. 이것은 이 시인이 그림를 그리는 화가와 관련이 있을 것으로 보여지며 화가로서 꽃에 대한 그의 관심의 확대가 시에도 그대로

반영된 것으로 보인다..

세상에 어느 보석이
이보다 더 빛난단 말인가?
맨드라미만큼의 색을
가득 쏟아 부었을까?

그리하여
수정 구슬에 스며

이글이글 타는 불덩이가
숨이 막혀
단단한 가슴 찢고

결국
부풀어터진 사이로
주르르 흐르는 선혈(鮮血)
(‘석류-사랑’ 〉 중 일부)

이 시는 강렬한 색채를 사용하여 제재를 형상화하여 정열적인 사랑을 표현하였다. 마치 그림을 보는 듯한 느낌을 준다. 석류의 시각적 속성을 그대로 화폭에 옮긴 듯한 격정적인 느낌을 주기까지 한다. 활짝 핀 석류를 ‘이글이글 타는 불덩이가 숨이 막혀’ 끝내는 참을 수 없어 ‘단단한 가슴 찢고’ ‘결국 부풀어터진 사이로/ 주르르 흐르는 선혈(鮮血)’ 로 이미지화한 것이다. 이 과정에서 시인은 한 폭 그림 같은 이미지를 역동적으로 표현하여 서사적으로 묘사하고 있다. ‘맨드라미만큼의 색을/ 가득 쏟아’ 붓고, ‘수정구슬에 스며’ ‘이글이글 타는 불덩이가/ 숨이 막혀’ ‘가슴을 찢고’ ‘결국/ 부풀어터진 사이로/ 주르르 흐르는 선혈’ 이 석류인 것이다. 시를 형상화하는 과정이 서사적이다. 정지(停止)된 것을 전체적으로 조망(眺望)하거나 시각 이동에 따른 묘사가 아니라, 사건이 연속적으로 전개되는 과정을 묘사하는 동적인 서술 방식을 취하고 있다.

앙상한 찔레 덤불 속
보금자리 둥지 틀고
겨우내
한 땀 한 땀 아픔 참고
명주실 수놓고 봄을 기다린
귀하디 귀한 꽃

열두 폭 병풍에 드리우면
황진이 가락에 잘 어울릴
고운 자태인데

가느디 가는 허리
받쳐 들고
덤불 속 다소곳이
숨어 있는 사연
무엇이기에

올올히 놓인 수실
모두 다 풀어 놓아도
그 속내는 아무도 모른다며
봄소식 전하던 종달이는
이 산 저 산 넘나들며
비밀을, 비밀이라고
소문을 퍼뜨리고

그러는 사이
벌써 꽃잎 하나 떨어진다.
('산자고꽃' 전문)

이 작품의 경우는 시각 이미지에 의해 구도화된 묘사가 아름답게 표현되어 있다. 마치 잘 배치된 그림을 보는 것 같다. 봄이라는 배경에 찔레 덤불을 배치하고 거기에 둥지를 틀 듯 다소곳하게 숨어서 추운 겨울을 이겨낸 그의 자태는 황진이 가락에 잘 어울릴 것 같은 모습을 하고 있다는 것이다.

이처럼 색채 이미지와 선의 조합을 통해 구도화된 그의 시는 꽃을 단순한 대상으로 바라보기도 하였고 또는 이것을 자기화하여 내면을 표현해내는 도구로 이용하기도 하였다. 그러나 지나치게 내면화하여 꽃의 아름다운 자태나 색, 향기 등의 외형적인 아름다움뿐만 아니라 내면의 아름다움을 각각의 꽃의 상징적 의미에 결부시켜 부귀, 행복, 사랑, 축복, 존경 등의 의미를 전하는 의표(意表)로서 사용하지는 않았다.

3. 꽃의 전령사(傳令使)로서의 '봄'

또 하나. 김영숙 시인의 시에는 봄을 노래한 것이 많다. '봄 1', '봄비', '이른 봄', '봄', '어느 봄날', '봄편지' 등 여러 편이 있다. 가장 아름다운 꽃이 피어 있는 계절은 봄인 것은 말할 것도 없다. 봄은 원형 비평의 이론을 빌리지 않아도 만물이 소생하는 계절이다. 또한 아름다운 꽃이 피기 시작하여, 거무죽죽했던 겨울에서 벗어나 화사한 대자연의 아름다움이 만개하는 계절이다. 흔히 봄을 소생의 계절이라고 하고 부활, 재생의 이미지나 시작을 의미하는 것으로 즐겨 쓰지만, 이 시인은 이런 상징적 의미를 부여하지 않았다.

이 시인에게 봄은 설렘의 계절이다. "설레던 가슴들/ 시원하게 풀었다."('이른 봄' 일부) 이것은 겨우내 움츠리고 있던 마음을 활짝 열어, 홍겨움에 젖을 수 있는 계절임을 노래했다. 기다림의 보람이 이루어지는 계절, 그것이 봄이었다.

바람의 귀띔
달그락 소리에
잠을 깬 풀꽃들 연보라 얼굴에
살그머니 봄을 뿌리는 봄바람에
신이 났어요.

맑은 햇살
그 조용한 시선 머물던 자리
덧문 열고 내다보는
쥐꼬리망초꽃

"봄이 왔어요. 봄이."
여기 저기 얼굴 내밀고
방실대는 꽃들의 밀어

덧문 모조리 열려
연둣빛 바람이 터져 나오고
앙증맞은 쥐꼬리망초 아가들이
아장아장
봄 뜰로 나오고 있습니다.
('봄 - 쥐꼬리망초' 전문)

이 시인의 봄은 연둣빛 색채에서 온다. 짙은 초록색이 아니고 엷은 연둣빛이 봄이다. 연둣빛 봄은 선명하지 않고 은근하면서도 밝은 빛을 띠어 엷은 미소를 머금은 화사함이다. 그러면서 작은 움직임들이 봄을 만들어내고 있다. 따라서 봄은 긴 겨울 기다렸던 기다림의 대상이 되어 신이 나고 화사하지만 요란하지는 않게 조금씩 펼쳐지는 계절이다. 더구나 이 봄은 쥐꼬리망초가 꽃피는 계절이어서 더욱 신나는 계절인 것이다.

한편 이 시인은 봄을 기다리지만, 계절로서의 봄을 기다리는 것이 아니라 꽃을 기다리는 계절로서의 봄을 기다리는 것이다. 결국 기다리는 봄은 그 자체로서 상징성을 가지는 것은 아니다. 봄이라는 대상의 내재성(內在性)에 의해 직접적으로 느낀 감정을 표현하는 것이 아니라, 다만 꽃을 피게 하는 계절로 기다림의 속성을 제시하는 것이다. 그래서 '봄 오기 바라고 또 바라다가/ 꽃이 피어나는 새벽/ 새벽길 밟고 왔다간 시인/ 창틀에 곱게 꽂아 논 꽃 편지' ('봄편지' 일부)와 같이 꽃이 피는 것을 전해주는 전령사로서의 봄을 기다리는 시인의 미의식은 꽃을 그리는 화폭에서도 같이 재현(再現)될 것이다.

간혹 봄이나 새벽은 상징적 의미가 동일화되기도 한다. 정의, 평화, 자유가 이루어지는 때를 제시하는 시간 개념으로서 의미를 갖는데, 이 시인은 꽃처럼 아름다운 삶이 이루어지는 시간, 그것이 꽃이 피는 봄이 아닐까?

봄은 겨울을 겪고서 맞게 된다. 모든 것이 얼어붙고, 침묵과 고통을 강요당하는 인고의 계절인 겨울을 다 경과하고야 봄을 맞을 수 있다. 봄을 기다리는 것은 소망을 고대하는 것이다. 꽃이 필 것이라는 미래가 없으면 현재의 삶이 무의미해진다. 비록 동토(凍土)의 땅일지라도 미래에 대한 소망이 확실하다는 신념이 있으면, 그 질곡(桎梏)의 극한 상황일지라도 견딜 수 있을 것이다.

4. 마무리

그림은 대상의 모습을 감성에 의해 지각(知覺)하고 그것을 화가 자신의 내면 의식을 반영하여 시각 이미지로 재창조해서 그림으로 표현한 것이다. 반면에 시를 쓴다는 것은 그림처럼 대상을 포착하여 재창조하는 과정까지야 같겠지만, 표현하는 방식이 전혀 다르다. 시는 심상화된 것을 문자 언어로 표현하는 과정 자체가 다기(多岐)하여 난해할 수밖에 없다. 고도로 상징화된 언어가 작가 자신에 의해 개념화되면 그 의미는 주관적이어서 이해하기가 어렵게 된다. 독자가 시를 외면하게 되는 이유가 여기에 있다.

그런 면에서 김영숙 시인의 시는 시각적 심상을 회화적으로 구도화하여 이해하기 쉽다는 것이 미덕이다. 다만 나만의 노래가 아니라 다른 사람과 더불어 함께하는 노래도 있었으면 좋겠다. 이렇게 함으로써 사유 세계를 언어화한 시가 사적(私的) 수준에서 벗어나 독자에게로 공간적 확대를 꾀함과 아울러 역사적으로 심화된 열린 상태를 지향할 수 있었으면 좋겠다.

굳이 역사 의식이라든가 시대 정신은 아니더라도, 이 시대를 살아가는 시인으로서 최소한 왜 써야 하는가에 대한 진지한 성찰이 있었으면 금상 첨화가 아닐까? 그래서 읽는 이들로 하여금 일상적 삶에 짓눌려 답답하게 있던 처지에서 해방감을 맛보게 해 주며, 자칫 일상 생활에서 잊고 있었던 일이나 사물의 의미를 다시금 발견하게 해 줄 수 있을 것이다.